PLUS DE MANDARINS,

OU

LA CHINE SAUVÉE.

PLUS DE MANDARINS,

OU

LA CHINE SAUVÉE:

BAGATELLE CIVICO-PARADE,

EN UN ACTE

MÊLÉE DE VAUDEVILLES.

Prix, 25 sols.

A NANKIN,

Et se trouve à Paris, chez tous les Marchands de Nouveautés.

PRÉFACE.

Je me suis occupé pendant plus de trois ans à lire l'histoire des révolutions ; je n'en ai trouvé aucune marquée de ce caractère de terreur et de sang que les exécrables Jacobins ont imprimée à la révolution de 1789. Le fruit de mes recherches a été de recueillir quelques anecdotes intéressantes dont je me propose de publier un jour le recueil : une de ces anecdotes ayant un rapport singulier avec les évènemens qui se passent à Paris, et avec la proscription de la Jacobinière, j'ai cru ne pouvoir choisir un moment plus favorable pour en offrir l'histoire à mes Concitoyens.

Une secte scélérate et hypocrite s'étant emparée des rènes du gouvernement, remplit pendant plusieurs années tout l'Empire de la Chine de ravages et de calamités. Lechef de cette secte, résolut d'assassiner une bonne moitié de la nation, et il exécutoit son projet infernal, par le moyen de ses lieutenans qu'il envoyoit dans les provinces et qu'il plaçoit à la tête des tribunaux; il vouloit absolument exterminer quatre castes de citoyens, les nobles, les prêtres, les riches, les lettrés; tout l'Empire gémissoit sous le joug; chacun présentoit sa tête au couteau fatal, et chaque jour comptoit des milliers de victimes : le ciel se lassa de tant d'horreurs, et le soleil qui, à son coucher, avoit vu tomber cent têtes innocentes, éclaira le lendemain le supplice des scélérats, et sembla prolonger sa course de quelques instans, pour contempler, de ses derniers rayons, la tête du chef des coupables, quand elle fut montrée au peuple. Quelques-uns de ses lieutenans, échappés à cette première vengeance, le suivirent peu de tems après, et les Mandarins n'emportèrent au tombeau que les malédictions des peuples.

Un Poëte célébra cet évènement par une Comédie où il eut l'art de mettre encore quelque gaîté ; elle fut jouée avec succès sur le Théâtre du Vaudeville de Nankin ; tous les bons Citoyens s'intéressèrent à ce petit ouvrage, consacré à un évènement qui faisoit la joie publique ; et l'Auteur, dont nous n'avons pu découvrir le nom, goûta sous le voile anonyme, le plaisir de faire rire ses Concitoyens.

Voilà la Bagatelle dont nous offrons la traduction. Nous désirons que cet essai plaise au public ; il trouvera sûrement à exercer sa critique sur l'ouvrage, mais au moins il rendra justice aux motifs qui l'ont fait entreprendre, et aux sentimens d'humanité et de justice qui le font publier.

AUX AMES SENSIBLES.

PÈRES, Mères, Frères, Epouses désolées, Orphelins désespérés, ô vous tous, qui teniez par les liens de la Nature et de l'Amitié aux malheureuses Victimes que des tigres ont arrachées de vos bras, pour les traîner à l'échafaud! recevez l'hommage que je vous rends aujourd'hui.

Je viens gémir avec vous : vos malheurs furent les miens ; comme vous j'ai pleuré mes Amis ; ma retraite solitaire a cent fois retenti du cri de ma douleur, et des accens du désespoir ; comme vous je les pleure encore. Mais le Ciel nous accorde enfin la plus douce des consolations : sa voix s'est fait entendre : la Justice a repris son glaive vengeur ; et nos yeux satisfaits, ne s'ouvriront plus que pour voir le sang pur des Victimes innocentes effacé, sur les échafauds, par le sang odieux de leurs barbares assassins.

ACTEURS.

CASSANDRE.

COLOMBINE.

ARLEQUIN.

GILLES.

LE DESTIN.

MANDARINS.

CITOYENS.

PEUPLE.

La cènes se passe à Nankin.

PLUS DE MANDARINS,

OU

LA CHINE SAUVÉE;

SCÈNE PREMIÈRE.

Le Théâtre représente l'appartement de Cassandre.

CASSANDRE, GILLES.

GILLES.

SERVITEUR, père Cassandre; eh! bien que, dis-tu des Mandarins?

CASSANDRE.

Ce qu'en dit tout le monde.

GILLES.

Comment donc; n'est-il pas quèstion de supprimer leur Société dans toute l'étendue de la Chine?

CASSANDRE.

Et si cela étoit?....

GILLES, *avec emphase.*

Les Mandarins ! l'appui du peuple ! l'honneur de la Nation....

CASSANDRE.

Gilles, tais-toi.

GILLES, *continuant.*

Qui depuis leur naissance ont fait tant de choses, et de si belles choses !.....

CASSANDRE.

Tais-toi, Gilles.

GILLES, *continuant encore.*

Sans qui nous aurions été tous la proie de la guerre, de la famine !... et le Sénat voudra-t-il cette suppression ?

CASSANDRE.

Le Sénat veut le bien général, il laissera agir l'opinion publique.

GILLES.

A travers tous ces débats, père Cassandre, je voudrois bien que nous nous occupions un peu de mon mariage avec Colombine.

CASSANDRE.

Ma fille n'est pas pressée de se marier.

GILLES.

Mais je suis pressé, moi ; j'ai toujours peur que ce coquin d'Arlequin ne me supplante.

CASSANDRE.

Je n'en voudrois pas jurer. Au reste, si tu veux plaire à Colombine, ne témoigne pas devant elle l'intérêt que tu prends aux Mandarins.

GILLES.

C'est bon à savoir ; grand-merci, père Cassandre.

SCÈNE DEUXIÈME.

CASSANDRE, COLOMBINE, GILLES,

COLOMBINE.

Ceci est tout-à-fait sérieux, mon père ; on a fait guerre ouverte aux Mandarins, ils sont vaincus ; les chefs vont être traduits devant le peuple, ici, tout à côté ; dans le lieu même où ils tenoient leur séance ; on leur apprendra leur devoir.

GILLES, *d'un ton affectueux.*

Les pauvres gens !

COLOMBINE.

Que dis-tu, Gilles ?

GILLES.

Je dis que ce sont de grands coquins.

SCÈNE TROISIÈME.

Les Mêmes. ARLEQUIN.

On parle ici de Mandarins, car j'ai entendu la rime. Ma foi, on leur a coupé l'herbe sous le pied. Je viens vous avertir qu'on va commencer ; les chefs des Mandarins vont paroître, et on va leur donner le coup de grace. Hâtons-nous de nous réunir à l'Assemblée.

On entend le Cœur suivant, derrière le rideau.

AIR : *Aussitôt que la lumière.*

Il faut que ceci finisse,
Et c'est trop long-tems gémir ;
Il nous faut faire justice
De ceux qui nous font souffrir.

Le fond s'ouvre; on voit une Assemblée nombreuse.

Suite de l'Air.

Il faut que cette journée,
Fixant nos droits incertains,
Règle notre destinée
Et celle des Mandarins.

SCÈNE QUATRIÈME.

CASSANDRE, COLOMBINE, ARLEQUIN, GILLES, MANDARINS, CITOYENS, PEUPLE, etc.

ARLEQUIN, *à part.*

Ceci s'annonce bien.

UN MANDARIN *à ses Collègues.*

AIR : *Du Marechal.*

Qu'on nous juge, ne craignons rien,
Mes bons amis, tenons-nous bien;
Faisons voir à toute la terre,
Que nous osons et pouvons tout;
Oui, nous saurons venit à bout
De tous ceux qui nous font la guerre.
Tòt, tôt, tôt,
Battons chaud, etc.

UN CITOYEN.

Qui va présider l'Assemblée ?

GILLES.

Je propose le père Cassandre, qui porte sur son front l'empreinte de l'humanité et de la justice.

ARLEQUIN.

Si la justice et l'humanité président, adieu les Mandarins.

On fait asseoir le père Cassandre sur un fauteuil élevé, une table devant lui et une sonnette; il fait faire silence.

CASSANDRE.

AIR : *De la petite Thérèse.*

Qui demande la parole ?

CHŒUR.

Tous ici la demandons.

CASSANDRE.

Que l'on parle à tour de rôle.

UN MANDARIN.

Commencez, nous répondrons.

UN AUTRE.

Loin que le peuple nous blâme ;
Etant tous hommes de bien,
Je prétends qu'il nous proclame
Ses amis et son soutien.

ARLEQUIN.

Cest ce qu'il faudra voir.

LE CITOYEN.

Pourquoi a-t-on établi les Mandarins ?

UN MANDARIN.

Pour éclairer le peuple.

LE CITOYEN.

Est-ce pour éclairer le peuple que vous avez usurpé l'autorité générale ? Au lieu de l'éclairer vous l'avez trompé cent fois en fabriquant dans votre sein des pétitions frauduleuses, où vous énonciez, pour l'opinion de la Nation, vos opinions particulières. Avez-vous prétendu éclairer le peuple en vous opposant à la liberté de la presse ?

UN MANDARIN.

Nous l'avons nous-mêmes demandée ; mais nous avons voulu y mettre des bornes.

COLOMBINE.

Pour la faire tourner toute à votre profit.

UN MANDARIN.

Air : *Ce fut par la faute du sort.*

Tout excès peut être fatal,
Nous l'avons limité pour cause ;

COLOMBINE.

Oui, selon le bien ou le mal
qui vous revenoit de la chose.
Tel à vous louer toujours prêt
avoit une plume divine,
Tel autre qui vous censuroit
Alloit droit à la..... *Cochinchine.*

UN MANDARIN.

Calomnies, que tout cela, calomnies !

COLOMBINE.

Vérité, vérité !

ARLEQUIN.

Oui, vérité.. *(Aux Mandarins.)* Avez-vous prétendu éclairer le peuple, le rendre heureux, soutenir ses droits, en faisant régner ce système de terreur et de mort, qui vous rendra l'exécration de tous les siècles ? Cessez de désavouer toutes les horreurs commises dans mon malheureux pays : vous seuls avez tout fait. Vous réclamez la voix du peuple ! Eh bien ! c'est à lui que j'en appelle ; qu'il parle.

On entend une symphonie préluder sur l'air jusques dans la moindre chose.

Chœur des Citoyens.

Un jeune homme. Oui, je pleure un tendre père.
Une jeune Citoyennc. Moi, mon époux malheureux.
Un jeune Citoyen, Ils ont fait moutir ma mère.
Une Citoyenne. Mon fils a péri par eux.
Un Citoyen. En vain j'appelle mon frère . . .
Un autre Citoyen. J'appelle en vain mon ami.
Ensemble. Sous un couteau sanguinaire
Leur sang pur a rejailli.

UN CITOYEN.

Air : *Quel désespoir !*

Quel triste sort !
De perdre ainsi tout ce qu'on aime ;
Quel tristre sort !
Nous pleurerons jusqu'à la mort.

Un autre Citoyen.

Que nos clameurs
Se fassent entendre au ciel même ;
A nos malheurs
Le Ciel donnera des vengeurs.

troisième Citoyen.

La main qui nous opprime
Chargea trop notre fardeau ;
J'entends chaque victime
Crier du fond du tombeau,

Reprise de l'Air.

Chœur.

Il est bien tems
Chers amis, d'abattre le crime ;
Il est bien tems
D'anéantir tous les tyrans.

ARLEQUIN.

Le peuple vient de donner un libre cours à ses larmes et à ses plaintes ; voilà enfin les Mandarins reconnus.

LE PEUPLE, *à grands cris.*

Plus de Mandarins, plus de Mandarins.

UN MANDARIN.

Nous demandons la parole.

LE PEUPLE.

Plus de parole aux Mandarins.

GILLES.

Oh, ça n'est pas juste, par exemple.

COLOMBINE.

Que dis-tu, Gilles ?

GILLES.

GILLES.

Demandez, je n'ai pas parlé.

LE PEUPLE.

Plus de parole aux mandarins.

CASSANDRE *sonne.*

Les Mandarins n'ont plus la parole. Le peuple manifeste son vœu d'une manière trop éclatante ; il est tems de prononcer sur le sort des Mandarins.

Il sonne, on fait un grand silence.

AIR : *Colinette au bois s'en alla.*

Oui, c'en est fait; le peuple est las
Des Mandarins, de leurs sabats ;
La deridera, la, la deridera,
Mangeant bien, ils sont gros et gras,
Et nous laissent dans l'embaras,
La, la deridera;
Ils ont assez fait de fracas,
Il est tems de les mettre à bas,
Quoiqu'il nous en coûte ;
La deridera,
N'y a pas de mal à ça,
Non, sans doute,
N'y a pas de mal à ça.
Il faut chasser ces scélérats
Qui nous pèsent trop sur les bras.

La deridera ;
Et pour célébrer leur trépas
Chantons quelques alleluyas,
La deridera ;
Surtout enterrons-les bien bas
Pour qu'ils ne ressuscitent pas,
Quoiqu'il nous en coûte ;
La deridera,
c'est un grand bien que çà,
Oui, sans doute,
C'est un grand bien que çà.

COLOMBINE.

Je demande que les chefs des Mandarins fassent amende honorable.

GILLES, *d'un air touché.*

Les pauvres Mandarins !

UN MANDARIN, *avec dépit.*

Air : *De Joconde.*

Puisqu'il le faut, obéissons,
A l'ordre qu'on nous donne ;
A découvert ici montrons
Toute notre personne.
Oui, nous faisons depuis long-tems
De grands maux à la terre,
Et nous sommes bien repentans...,
De n'en pouvoir plus faire.

ARLEQUIN.

Vous entendez, vous voyez cet excès d'audace ; allons, plus de pitié.

AIR : *De Malbrough.*

Cette secte insolente
Qui depuis long-tems nous tourmente ;
De sa rage impuissante
Rend les derniers accès ;
Qu'elle expire à jamais !
Et qu'en ce grand procès
La Chine triomphante
par une vengeance éclatante,
A jamais épouvante
Ses ennemis secrets.

Les Mandarins se réunissent d'un côté du théâtre; on étend sur eux un voile noir, qui les couvre entièrement.

CASSANDRE.

AIR : *Dies iræ, dies illa.*

Les Mandarins sont donc à bas ;
On ne craint plus leurs attentats ;
Oui, citoyens, ils sont à bas.

ARLEQUIN.

! quel plaisir nous ressentons ;
Quelle douce paix nous goûtons ;
De nos maux nous nous consolons.

CHŒUR.

Les Mandarins sont donc à bas ;
On ne craint plus leurs attentats ;
Oui, citoyens, ils sont à bas.

COLOMBINE.

AIR : *Quand un tendron, etc.*

Qu'en Chine on entende par-tout
Des accens d'allégresse ;
Et que de l'un à l'autre bout
On répète sans cesse :
O jour heureux !
Enfin les cieux
A nos maux ont mis le hola, là, là,
oh, oh, oh, oh ! ah, ah, ah, ah !
Le bon dénouement que voilà là, là, là, là.

Un morceau de symphonie analogue à l'ouverture du ballet des Elémens annonce l'arrivée du Destin.

SCENE V.

LES MÊMES, LE DESTIN,

LE DESTIN.

AIR : *Du prologue des élémens.*

Les tems sont arrivés, cessez triste cahos.

A ces paroles vous reconnoissez le Destin; je viens vous annoncer le retour de l'ordre et du bonheur.

AIR : *Ce fut par la faute du sort.*

Pour arriver ici plutôt
Vous porter un heureux message,
Mes amis, j'ai taillé la haut,
Mes attributs et mon nuage.
Oui, vous allez voir, grace aux dieux,
La paix fleurir dans votre empire ;
Et j'arrive du haut des cieux
Exprès à pied pour vous le dire.

ARLEQUIN.

Honneur, cent fois honneur
Au maître de nos destinées ;
Il en promet de fortunées,
Et le Destin n'est point menteur.

CHŒUR.

Honneur, cent fois honneur
Au maître de nos destinées.

LE DESTIN.

Peuple ! il est tems de te dévoiler un grand secret ; je vais ouvrir devant toi mon livre rouge. Apprends ce que bien des gens soupçonnent ; mais ce que personne ne sait et ce que je veux que tout le monde sache. Tu as commis jadis de grandes fautes, peuple ! J'ai voulu t'en punir, et je t'en ai puni en t'envoyant les Mandarins. Mais sais-tu ce que c'est que les Mandarins ? Tu les as pris pour des hommes ? Eh bien, tu t'es trompé. C'étoit des bêtes farouches ; je les appelai moi-même du fond des forêts, je leur donnai la figure humaine et je leur dits :

AIR : *Philis demande son portrait.*

Puisqu'à la forme on fait la cour,
Dans le siècle où nous sommes ;
Paroissez hommes en ce jour
Pour mieux tromper les hommes.
Mais que toujours pleins de fureur,
Lyon, tigre ou Panthère,
Chacun de vous au fond du cœur
Garde son caractere.

Ils le promirent, alors j'ajoutai :

AIR : *Un jour Lucas dans la prairie.*

Qu'au pays où l'on vous destine,
Votre aspect devienne fatal ;
Allez, par la guerre intestine,
Faire en Chine beaucoup de mal ;
Par le feu, le fer, le pillage,
par la famine et le poison,
Faites le plus affreux carnage
Des habitans de ce canton.

Ils le jurèrent ;

ARLEQUIN.

Et ils ont bien tenu parole.

LE DESTIN.

Tu es assez puni, peuple ; tu es trop puni. Tu as fini par detester les Mandarins, et je viens t'annoncer, pour l'avenir, de plus douces destinées. Je vais rendre à tes ennemis leurs formes naturelles dont je les avois dépouillés, et les renvoyer dans le fond des déserts, d'où je les avois fait sortir.

Il donne un coup de sifflet. Il s'élève derrière le voile, sous lequel ont passé les Mandarins, une tour, dans laquelle on entend des cris, et ensuite des hurlemens.

ARLEQUIN.

AIR : *De la Bonne Aventure.*

Ils sont pris au trebuchet,
La chose est très-sûre ;
De tout le mal qu'ils ont fait,
Vengeons la Nature.
En les voyant nichés là,
Toute la Chine dira :
La bonne aventure o gué,
La bonne aventure.

CASSANDRE.

Ah ! oui, de bon cœur, toute la Chine dira :

La bonne aventure, ect.

LE DESTIN.

Ils déposent maintenant, par l'effet de ma puissance, les formes humaines que je leur avois permis de prendre, pour se revêtir de leurs anciennes dépouilles.

ARLEQUIN.

Quel tintamarre ils font ; il paroît qu'ils ne sont pas contens.

LE DESTIN.

AIR : *Avec les jeux dans le village.*

Au fond de cette grote obscure
Tèmoin de vos derniers regrets;
Monstres ! de l'humaine figure
Déposez jusqu'aux moindres traits.
Et loin de ces lieux sans murmure
Vous enfuyant tous à jamais,
Obéissez à la Nature
Qui vous créa pour les forêts.

Sortez, Mandarins ; paroissez et partez.

Il donne un autre coup de sifflet ; on voit sortir de la tour un ours, un lion, un tigre, un panthère, etc. Chacun témoigne sa rage par un geste analogue. Pendant ce tems, on chante l'air ci-après :

On danse et l'on fait même entrer les Mandarins dans les branles pour les faire enrager davantage.

AIR : *Allez vous-en gens de la Noce.*

Allez vous-en troupe en furie,
Allez au fond de vos déserts.

C H Œ U R.

Allez vous-en, etc.

COLOMBINE ET ARLEQUIN.

Assez long-tems notre patrie,
Par vous essuya des revers;

C H Œ U R.

Allez vous en, etc.

E N S E M B L E.

Célébrons leur fugue chérie,
Par nos danses et nos concerts;

G R A N D C Œ U R.

Allez vous en troupe en furie,
Allez au fond de vos deserts.

CASSANDRE *après la sortie des Mandarins.*

Puisque nous voilà tous contens et libres, il faut terminer cette journée par un mariage.

GILLES.

C'est bien dit. Ce père Cassandre est un homme admirable.

LE DESTIN.

Eh bien, il faut marier Colombine.... elle haissoit les Mandarins; je veux qu'elle ait le plaisir de se marier sur leur tombe.

GILLES.

Cela ne me plait pas trop a moi; mais n'importe.

CASSANDRE.

Le destin va-t-il nommer son époux?

LE DESTIN.

Oui: je lui donne pour époux....

GILLES, *apart avec joie.*

Il me nomme.

LE DESTIN.

Celui d'entre vous qui a le plus détesté les Mandarins.

ARLEQUIN *saisissant la main de Colombine*

Tu es ma femme.

AIR: *La Lumière la plus pure.*

La tendresse la plus pure
Nous unit depuis longtems.

COLMBINE.

Joignons-y, sans imposture,
La haîne pour nos tyrans.

ENSEMBLE.

Au bonheur de cet Empire
Le notre tient en ce jour;
pour nous ici tout conspire,
Et la haîne y sert l'amour.

GILLES.

Et moi, qu'aurai-je donc dans tout ce-ci?

ARLEQUIN.

La peur et la honte.

GILLES.

Quand vous ne me donneriez que mon portrait.

COLOMBINE.

Oh ! à cela ne tienne..., un Mandarin est resté ici, à demi mort... Le voilà.

Elle prend sous le voile un dindon et le donne à Gilles.

GILLES *le caressant.*

C'est toujours ça ... Eh ben nous voilà deux ... Mon pauvre ami, Mon petit ami, etc.

LE DESTIN.

Air : *Vous qui d'amoureuse aventure.*

C'en est fait l'horison s'éclaire,
Le nuage a fui de ces lieux ;
Le bel astre de la lumière
N'est plus obscurci pour vos yeux.

CASSANDRE ET GILLES

Suite de l'Air.

Vos cœurs agités, tourmentés reprennent courage,

COLOMBINE ET ARLEQUIN.

Suite de l'air.

D'un dieu puissant la main nous ravit à la mort.

LE DESTIN.

Ah ! jouissez après l'orage
Jouissez des douceurs du port.

CHŒUR.

Ah ! jouisssons après l'orage
Jouissons des douceurs du port.

ARLEQUIN *au public.*

AIR : *Du Serin qui vous fait envie.*

Pour tracer cette bagatelle
Le talent ne servit à rien;
Le sujet seul donna du zèle
L'auteur ne fut que citoyen ;
Votre indulgence est bien certaine
Et je lis sur vos fronts sereins,
Que tous les sentimens de haîne
Partent avec les MANDARINS.

FIN.

Les Libraires des Départemens qui desireroient un certain nombre d'exemplaires, peuvent s'adresser à l'éditeur, le citoyen M.... rue Culture-Catherine, N°. 52.

www.ingramcontent.com/pod-product-compliance
Ingram Content Group UK Ltd.
Pitfield, Milton Keynes, MK11 3LW, UK
UKHW020223180726
13838UKWH00005B/2159

9 782329 316024